2e BATAILLON

DES

MOBILES DE LA DROME

CAMPAGNE 1870-1871

SIÉGE DE PARIS

RAPPORT

Adressé à M. le Ministre de la Guerre,

PAR **LOUIS HUZ**,

Capitaine au 2e Bataillon de la Drôme.

LIBRAIRIE MILITAIRE

Xavier DREVET, Editeur,

Libraire de l'Académie.

14, rue Lafayette, Grenoble.

En vente chez tous les Libraires du département de la Drôme.

1871

Valence, imp. BERGER & DUPONT, Gr.-Rue, 6.

A M. LE MINISTRE DE LA GUERRE.

Monsieur le Ministre,

Conformément à la circulaire du 21 juillet dernier, j'ai l'honneur de vous adresser un rapport détaillé sur les différentes situations dans lesquelles le 2me bataillon des mobiles de la Drôme s'est trouvé pendant son séjour à Paris. M. le commandant de Beugny d'Hagerue, légèrement indisposé, a bien voulu me charger de faire ce compte-rendu, en raison de mon ancienneté dans le bataillon et parce que j'ai eu moi-même, pendant quelque temps, l'honneur de le commander.

Grâce à mes souvenirs et à quelques notes prises à la hâte, j'espère pouvoir donner un récit très-exact de ce dont j'ai été témoin. Je m'abstiendrai de toute considération particulière et de toute critique intempestive et je me bornerai à résumer strictement nos opérations militaires et nos moyens d'action.

L'histoire du siége de Paris ne gagnera pas beaucoup aux indications que je vais fournir; je puis cependant en attester la véracité, preuves en main. Quelque pénible que soit pour moi l'affirmation de certains faits, je dois à ma conscience de ne pas en altérer le développement, afin de justifier la confiance dont a bien voulu m'honorer M. le commandant d'Hagerue.

J'espère, Monsieur le Ministre, que Votre Excellence voudra bien accueillir, avec indulgence, le résumé impartial que j'ai l'honneur de lui soumettre et considérer, en même temps, que si je ne le rends pas plus intéressant, c'est que je ne veux pas sortir des limites qui me sont tracées par la justice et la vérité.

C'est avec un profond respect que j'ai l'honneur d'être,

Monsieur le Ministre,

Votre très-humble et très-obéissant serviteur.

HUZ,

Capitaine au 2e bataillon de la Drôme.

RAPPORT

A M. LE MINISTRE DE LA GUERRE.

Mois d'Août 1870.

La réunion du 2e bataillon de la Drôme eut lieu, à Valence, le 18 août 1870, dans la cour de la caserne St-Félix.

Je passerai rapidement sur tout ce qui concerne cette formation, dont les détails ont déjà dû être fournis par l'autorité préfectorale, représentée à cette époque par M. Vernhette.

Valence était alors commandé militairement par M. le général baron d'Azémar, du cadre de réserve.

Le colonel d'état-major Nugues avait été chargé, en 1869, de la mission spéciale de vérifier les candidatures au grade de chef de bataillon. Son choix était tombé sur M. Boyoud, ancien chef d'escadron de gendarmerie, retraité depuis quelques années.

Les capitaines désignés au moment de la guerre, pour la composition du bataillon, avaient tous servi, ce qui contribua à le rendre apte à partir bien avant la mobile des départements limitrophes. De toute la zône qui sépare Lyon de la Méditerranné, je n'ai connu à Paris que le bataillon de l'Hérault et le régiment du

Tarn qui aient été en mesure d'arriver comme celui de la Drôme, avant la fermeture des portes : J'ignore s'il y en avait d'autres. Les départements de l'Isère, de l'Ardèche et de Vaucluse ne purent mettre leurs mobiles en campagne qu'à une époque plus éloignée qu'il m'est impossible de déterminer.

Les effectifs de chaque compagnie variaient de 300 à 325 hommes ; ce qui était énorme pour un seul capitaine, ne pouvant espérer d'être secondé utilement, par des lieutenants et des sous-lieutenants qui n'avaient pas la moindre teinte des exigences du métier. Quant aux sous-officiers, on se trouvait dans l'obligation de les choisir sur leur bonne mine.

Néanmoins, les progrès furent assez rapides.

Dès le 25 août, deux compagnies furent envoyées à Romans, par suite de l'insuffisance des casernes de Valence.

Chaque jour apportait une modification à l'effectif. Un certain nombre d'hommes étaient renvoyés dans leurs foyers par les conseils de révision ; d'autres étaient utilisés dans les arsenaux. Les exonérés de la classe 1865, furent ajoutés sur les contrôles à partir du 31 août.

L'habillement se composait uniquement d'une blouse bleue, avec pattes rouges sur l'épaule et d'un képi. Deux compagnies seulement furent munies de vareuses en molleton et de pantalons de velours dans les derniers jours qui précédèrent le départ. Toutes ces fournitures étaient généralement de très-mauvaise qualité, et le commerce de Valence, comme celui de Romans, se montra tellement exigeant que pour obtenir des souliers lacés formant guêtres, on dut s'adresser au maître-bottier du 13e de ligne.

L'équipement ne valait pas mieux. Les cartouchières ne purent faire qu'un mois de service avec les hommes les plus soigneux. Les havre-sacs manquaient totalement.

Dès le 27 août, des fusils à piston nous furent adressés par la direction de l'artillerie de Grenoble.

Les officiers du bataillon n'avaient reçu que des nominations provisoires émanées du général de division, par suite de la perplexité dans laquelle se trouvait le ministre de la guerre, lors de l'appel de la mobile. Nous ne donnerons ici, que le nom des capitaines nommés à l'origine de la formation avec l'indication de leurs compagnies respectives.

1re	*Compagnie.*	M. Huz, canton du Bourg-de-Péage.
2e	*do*	M. Blache, canton de Chabeuil.
3e	*do*	M. de Blottefière, canton du Grand-Serre.
4e	*do*	M. Friol, canton de Valence.
5e	*do*	M. Baur, canton de Romans.
6e	*do*	M. de Beugny d'Hagerue, canton de St-Donat.
7e	*do*	M. Berthé, canton de St-Jean-en-Royans.
8e	*do*	M. Emery, canton de St-Vallier.

Mois de Septembre 1870.

4 septembre. — L'avénement de la République avait amené la chute de M. Vernhette, Préfet de la Drôme. La commission départementale qui s'installa en permanence à la préfecture, demanda au gouvernement de la Défense Nationale l'autorisation de faire procéder à des élections pour la nomination de nouveaux officiers. L'auteur de ce projet, qui malheureusement avait accueilli avec trop d'empressement les mensonges dictés par la jalousie et les calomnies de quelques meneurs, était M. Malens, aujourd'hui député. La réponse de M. Gambetta ne se fit pas attendre, et une dépêche nous prescrivit de procéder immédiatement au vote. A Valence, il eut un commencement d'exécution, mais à Romans, on parvint à différer l'élection jusqu'au départ du bataillon. Cette mesure était motivée par la candidature d'un repris de justice qui, poussé par un parti nombreux, s'était porté en concurrence avec un capitaine des plus honorables. Le chef du détachement de Romans ne pouvait accepter une semblable interprétation de l'ordre donné par M. Gambetta.

7 septembre. — Une dépêche expédiée à minuit par M. le général baron d'Azémar prescrivit au détachement de Romans de venir rejoindre le corps à Valence. Il donna en même temps communication au commandant Boyoud de l'ordre ministériel appelant le 2e bataillon à Paris.

L'état valétudinaire du commandant joint sans doute à d'autres infirmités l'empêchèrent de prendre part à cette campagne et M. Boyoud donna sa démission, ainsi que les capitaines Friol et Berthé.

Le commandement fut alors confié provisoirement à M. Blache, ancien capitaine au 42e de ligne, mis en non activité pour infirmités temporaires, par décision ministérielle du 19 Novembre 1855 et admis à la pension de retraite par décret impérial du 18 Mars 1865.

8 septembre. — Ce fut donc sous la direction du capitaine Blache, que le 2e bataillon prit la route de Paris. Dès la veille, M. le capitaine de Blottefière et M. le lieutenant de Sieyès étaient partis pour préparer les logements.

9 septembre. — Nous arrivâmes sans encombre, vers 8 heures du soir. MM. de Blottefière et de Sieyès ne se trouvaient pas à la gare et avaient simplement laissé un pli, indiquant que le Cirque Napoléon, aujourd'hui Cirque National, sur le boulevard des Filles du Calvaire, avait été assigné comme cantonnement au bataillon.

Les hommes n'avaient pour ainsi dire rien mangé depuis le départ et le pain manquait. On fut obligé d'envoyer des corvées, à tour de rôle, pour chercher des vivres, mais beaucoup de ces jeunes gens n'ayant encore aucune idée de la discipline en profitèrent pour rester dans Paris, malgré la consigne qui le leur interdisait.

10 septembre. — A 6 heures du matin, le corps des officiers se rendit sous la conduite du capitaine Blache, chez le général Trochu. Il y fut reçu par M. le général Schmitz, son chef d'Etat-Major.

A la nouvelle que le bataillon n'avait pas de commandant, le général nous proposa de nous en donner un de son choix. Sur la réponse affirmative des officiers et malgré les réclamations reitérées du capitaine Blache, qui revendiquait pour lui cet honneur, il fut décidé qu'en raison des circonstances difficiles le choix du général devait prévaloir et qu'il nous fallait un chef jeune, actif et sortant récemment de l'armée.

11 septembre. — A une deuxième convocation, le général Schmitz nous présenta M. Balète, promu le jour même au grade de chef de bataillon au 1er régiment de zouaves et détaché momentanément pour commander le 2e bataillon des mobiles de la Drôme.

M. Balète, outre de très-beaux états de services, était parvenu à s'échapper de Sédan, où il avait reçu une blessure à la tête en qualité de capitaine-adjudant-major au 58e de ligne. Notre nouveau commandant était, surtout, un excellent administrateur. Il s'occupa immédiatement de l'organisation du bataillon sur un pied essentiellement militaire. Par ses soins un conseil d'administration éventuel fut formé conformément aux prescriptions de l'ordonnance du 10 mai 1844.

Dans la précipitation du départ beaucoup d'erreurs avaient été commises; un certain nombre d'hommes destinés à rester à Valence étaient partis, tandis que d'autres avaient profité de la foule qui encombrait les abords de la gare, pour ne pas quitter leur pays. Cette confusion provenait aussi de ce que M. le capitaine Friol, pour former un bataillon de guerre, avait bouleversé toutes les compagnies avec la bonne intention de les égaliser. Le commandant Balète tout en déplorant cet état de choses les rectifia et refondit les compagnies d'une façon beaucoup plus rationnelle.

14 septembre. — Les lieutenants Marque et de Sieyès sont promus au grade de capitaine, en remplacement de MM. Friol et Berthe, démissionnaires de Valence.

En même temps, M. Blanc, aide-major de 2me classe est accepté par le commandant Balète et par M. le docteur Champouillon, médecin en chef de la mobile, pour exercer ses fonctions au bataillon.

Depuis le 10 septembre, les hommes étaient munis de billets de logement et occupaient la rue du faubourg St-Honoré et quelques rues adjacentes. Les réunions avaient eu lieu, d'abord, place de la Concorde, mais nous finîmes par adopter l'avenue Gabrielle comme étant plus à proximité des logements de la troupe.

16 septembre. —Deux officiers nouveaux étaient arrivés de Valence, envoyés probablement par le général d'Azémar, pour remplacer ceux qui manquaient. Tous deux furent mis à la suite par le commandant, mais afin de les utiliser, M. le capitaine Renard, fut chargé des fonctions d'adjudant-major et M. le lieutenant Bodard dut remplacer provisoirement l'officier-payeur dans le service d'une compagnie.

Ces nominations furent de courte durée. Le système absurbe des élections, en matière militaire, n'avait été qu'ajourné et le gouvernement de la défense nationale tenait, paraît-il, essentiellement à détruire tous les vrais principes sur lesquels repose la discipline de l'armée.

Voici quel fut le résultat du vote du 21 septembre :

Pour les capitaines :

MM. Huz,
de Blottefière,
Marque,
de Beugny d'Hagerue,

furent réélus à l'unanimité.

M. Blache, ancien capitaine de la ligne, fut évincé et remplacé par M. Nublat, sous-lieutenant. Triste victime du caprice des hommes, M. Blache est la vivante démonstration de l'absurdité du système.

M. Baur est réélu malgré une abstention considérable.

M. de Sieyès, lieutenant, obtient l'unanimité.

M. Renard, capitaine à la suite, n'avait pas même la faculté de se porter candidat sans se présenter comme concurrent de l'un de ses camarades. Par discrétion il était obligé de s'abstenir.

Pour les lieutenants :

MM. Peloux et Ferlay sont seuls réélus à l'unamité.

M. de Montal passe avec 67 voix.

M. Lafond, 55 voix.

M. Costadau, n'ayant que 6 voix est remplacé par M. le sous-lieutenant Charvin qui en obtient 121.

M. Deshayes en a 109.

M. de Chaptal, 163.

M. Bodard, à la suite, cesse ses fonctions en même temps que M. Costadau.

Pour les sous-lieutenants :

M. Arbod, unanimité.

M. Poinçot, 127 voix.

M. Revol, 138.

M. Michel, passe avec 42 voix.

M. Dorival, nommé récemment dans sa compagnie où il n'est pas connu n'obtient que 5 voix et fait place à M. Charlon qui en a 123.

M. Colomb, 92 voix.

M. Thivolle ne passe que quelques jours après, personne n'ayant été élu à la 7e compagnie le 1er jour du vote.

Au point de vue de la Défense Nationale quel bénéfice pouvait-on retirer de cette élection?

J'ai dit en débutant que je ne me permettrais aucune

critique et que je raconterais simplement les faits avec la plus rigoureuse exactitude. Je demande â faire valoir ici quelques considérations particulières, qui sont fatalement la conséquence de la faute commise par nos gouvernants :

MM. Blache et Renard avaient touché 600 francs chacun pour indemnité d'entrée en campagne. MM. Nublat et de Sieyès nouvellement élus devaient à leur tour toucher cette même indemnité déjà donnée. Par le même motif, MM. Costadau, Bodard et Dorival avaient reçu 400 francs et il fallait de nouveau les faire allouer à MM. Charvin, Michel, Charlon et Thivolle.

Indépendamment de l'entrée en campagne et Paris se trouvant cerné, on était dans l'obligation de continuer à desservir la solde brute à tous les officiers non réélus pour ne pas les laisser sans ressources.

Et c'était dans un moment où le gouvernement devait observer la plus stricte économie que ce gaspillage de fonds avait lieu, car si, ce qui est présumable, le même fait s'est reproduit dans tous les bataillons de la mobile de Paris et de la province, on arrive ainsi à une dépense relativement très-importante.

Une autre considération encore qui a sa valeur, c'est que les nouveaux élus, quelque fût leur dégré d'intelligence, n'était pas plus instruits, au point de vue militaire, que ceux qu'ils étaient appelés à remplacer. C'était donc des éducations à refaire et par conséquent un retard de plus apporté par le gouvernement de la Défense Nationale à la défense elle-même.

On me pardonnera cette digression qui ne m'est dictée que par l'amour que j'ai pour mon pays et par l'affliction que doit causer à un cœur français, tout ce qui est de nature à compromettre une situation déjà aussi malheureuse que la nôtre.

24 septembre. — Le remplacement des fusils à piston par des chassepots eut lieu à l'École militaire.

Chacun reçut également 111 cartouches, qui furent livrées à l'ancienne caserne des Cent-Gardes, transformée momentanément en magasins à poudre. L'atelier de réparations pour la mobile des départements, se trouvait à la manufacture des tabacs. La direction du matériel de l'artillerie nous adressa, à cette date, de nombreuses recommandations concernant le remplacement de quelques pièces et notamment des aiguilles dans le fusil modèle 1866 qui nous avait été donné.

26 septembre. — Nous étions alors sous les ordres du général marquis de Ligners, commandant la 1re division de la mobile. Tous les chefs de bataillon de cette division, se rendaient tous les matins, à neuf heures, au rapport du général.

Celui du 26 recommande spécialement, dans l'intérêt de la sécurité des gardes mobiles, de faire coudre à la doublure de la veste ou de la vareuse, sur le côté gauche de la poitrine, une pièce de toile blanche indiquant le département, le bataillon, la compagnie, les noms et prénoms de l'homme.

27 septembre. — Pendant ces quelques jours passés à Paris, le bataillon fut plusieurs fois de piquet au Point-du-Jour et à la Porte-Maillot. Il fut également chargé de couper la partie du bois de Boulogne, comprise entre le lac et les remparts.

Lors de l'affaire de Chatillon, nous nous rendions au Point-du-Jour, quand nous rencontrâmes les zouaves ivres-morts qui avaient abandonné leur poste et qui accusaient les officiers de leur défaite. M. le capitaine Baur, outré de tels propos, s'avança sur eux et les traîta de lâches, puisqu'ils revenaient seuls, ce qui prouvait bien que leurs officiers s'étaient fait tuer sur le champ de bataille au lieu de fuir comme eux. Quelques instants après, nous en vîmes plusieurs arrêtés par les gardes nationaux qui partageaient notre indignation.

Un autre jour, M. le capitaine d'Hagerue, de service à la Porte-Maillot, s'approcha d'un rassemblement formé par sa compagnie autour de deux hommes qui, sans aucun signe distinctif, péroraient au milieu du groupe. L'un d'eux disait aux mobiles : « Il ne faudrait pas vous épouvanter si les forts étaient pris, » nous pourrions encore tenir derrière les remparts et » les barricades. »

Celui qui parlait ainsi était le citoyen Rochefort et le capitaine d'Hagerue, sans le connaître, fut sur le point de le faire saisir par la garde.

Une reconnaissance avait été faite le 19 septembre dans toutes les parties du bois de Boulogne jusqu'au pont de Billancourt. Cette expédition était conduite par un colonel de gendarmerie ayant sous ses ordres sa légion, une batterie d'artillerie et le bataillon de la Drôme. Elle n'eut, d'ailleurs, aucun résultat.

28 septembre. — Le bataillon reçoit l'ordre de se rendre à Montreuil-sous-Bois. Les préparatifs de départ ayant été assez longs, nous n'arrivâmes à la porte de Montreuil qu'à la nuit close. Les gardes nationaux, ne voulant pas baisser le pont-levis, nous dûmes bivouaquer sur le boulevard extérieur.

29 septembre. — Nous partîmes aussitôt l'ouverture de la porte. Montreuil était commandé par M. le baron Reille, ancien député de l'empire, lieutenant-colonel du régiment du Tarn. A notre arrivée, il se mit à notre tête et nous conduisit sur le plateau de Tilmont, à l'Est de la ville. Le camp était ainsi placé :

En avant du front de bandière, la grande route stratégique de Fontenay à Rosny. On pouvait, en la traversant, descendre à Neuilly-sous-Bois en coupant le chemin de fer de Mulhouse. Ce passage était défendu sur la droite par la redoute de Fontenay et plus loin le fort de Nogent ; à gauche par la forteresse de Rosny.

Le camp était adossé à ces nombreux murs couverts d'espaliers qui fournissent ces pêches savoureuses et estimées qui font la richesse du pays. Quelques ouvertures y avaient été pratiquées pour les besoins de la défense. Le côté Sud dominait Vincennes ; au Nord une fabrique de bougies servait de limites, mais un cordon de sentinelles s'étendait jusqu'à la route stratégique. Une tranchée avait été creusée devant le front de bandière. Plus tard il en fut pratiqué une seconde à l'entrée de la vallée de Neuilly-sous-Bois.

Quant à l'ennemi, nous décrirons sa situation d'après le résultat des différentes reconnaissances qui eurent pour objet de déterminer les lieux qu'il occupait.

Mois d'octobre 1870.

1er octobre. — Il ne sera pas sans intérêt de connaître les variations de quantités sur les vivres de campagne, depuis le 1er octobre jusqu'au moment de l'armistice. A l'époque qui nous occupe, les rations étaient ainsi déterminées :

Pain, 1 kilogramme,
Biscuit, 740 grammes.
Sel, 20 grammes.
Viande fraîche, 180 grammes.
Viande de conserve, 150 grammes.
Lard, 150 grammes.
Riz, 100 grammes.
Café, 16 grammes.
Sucre, 21 grammes.
Vin, 25 centilitres.
Eau-de-vie, 6 centilitres 1/4.
Foin, 3 kilog. 500 grammes.
Avoine, 4 kilog. 500 grammes.

3 octobre. — Une lettre du ministre de la guerre, adressée à M. l'intendant général, décide que des rations de fourrage seront accordées aux capitaines faisant fonctions d'adjudant-major. Il y a remarquer ceci, c'est qu'à cette époque il n'est pas encore créé d'adjudant-major proprement dit pour la mobile. Ce sont en général des lieutenants détachés de leur compagnie qui en supportent les charges. La ration de fourrage est un premier pas qui leur permet de jouir d'un privilége interdit aux autres officiers. Au bataillon de la Drôme, c'était le capitaine de Blottefière qui avait été désigné pour remplir ce poste en attendant que le Gouvernement lui en accordât le titre.

4 octobre. — Le rapport de ce jour autorise l'intendance à délivrer des grandes tentes dans la proportion de 10 pour les bataillons de 8 compagnies et de 9 pour ceux qui n'en possédaient que 7. Il était de plus stipulé que ces tentes étaient destinées aux officiers à raison d'une pour le capitaine, le lieutenant et le sous-lieutenant de chaque compagnie. Il y en avait, en outre, une réservée au chef de bataillon seul et une deuxième pour l'officier-payeur et le médecin.

5 octobre. — Les bons provisoires des effets touchés par les compagnies dans des circonstances où il avait été impossible d'exercer aucun contrôle, sont remplacés par des bons réguliers. Dans un tableau synoptique dressé à cet effet, M. le capitaine Renard établit que les bons réguliers ne concordent pas du tout avec les bons provisoires. Les différences sont notables et il est impossible d'arriver à une concordance même approximative. Ce gaspillage d'effets de toute nature ne peut s'expliquer que par la précipitation à laquelle on s'est livré pour les toucher et aussi par l'inexpérience des sous-officiers comptables.

Un ordre de l'intendance donne la nomenclature des ambulances dans lesquelles les bataillons peuvent envoyer leurs malades. Nous nous contenterons de mentionner les principales ambulances où nos malades ont reçu des soins :

Hôpital Baujon.
Hôpital du Gros-Cailloux.
Ambulance militaire, rue Hamelin.
Ambulance militaire de Clichy.

Ambulance militaire de l'Asile de Vincennes.
Ambulance militaire de la rue de la Santé.
Hôpital de Bicêtre.
Hôpital du Val-de-Grâce.

6 octobre. — Le lieutenant-colonel Reille veut pousser une reconnaissance du côté de Neuilly-sur-Marne.

Nos grand'gardes, placées entre la redoute de Fontenay et le fort de Rosny, établissaient des cordons de vedettes jusqu'au passage du chemin de fer de Mulhouse qui semblait être la ligne de démarcation entre les Prussiens et nous. Il s'agissait donc de savoir si Neuilly était occupé par des forces imposantes. Nous reçûmes l'ordre d'appuyer et de protéger un peloton de spahis, chargé de pénétrer dans le village. La 1re et la 2e compagnie, sous les ordres du capitaine Huz, furent placées sur le chemin de fer même. La 7e compagnie, commandée par M. le capitaine de Sieyès s'avança vers Neuilly à la suite des spahis. Deux autres compagnies furent échelonnées en arrière de la ligne de Mulhouse. Le lieutenant Thivolle, avec une section de la 7e compagnie, arriva jusqu'aux premières maisons du village et se mettait en mesure de les fouiller, lorsqu'une fusillade, partie du bois sur le peloton des spahis, l'obligea à se replier.

Voici d'ailleurs le texte du rapport officiel :

RAPPORT MILITAIRE.

Ce matin une reconnaissance faite en avant du fort de Nogent par trois compagnies du bataillon de la Drôme et un peloton de spahis, s'est heurtée presque à la sortie du village de Neuilly-sur-Marne contre des avant-postes prussiens qui se sont repliés vivement sur un petit bois où 500 hommes environ étaient embusqués ; accueillis à une petite distance par une fusillade très-nourrie, mais que le brouillard rendait peu meurtrière, nos spahis ont chargé jusqu'à la lisière du bois et tiré à bout portant.

Leur décharge a renversé une vingtaine d'hommes ; nous n'avons eu que 2 chevaux tués et 1 blessé ; nos cavaliers en se repliant sur l'infanterie n'ont pas été poursuivis.

Le Gouverneur de Paris.
P. S. O. le Chef d'État-Major.
Signé : SCHMITZ.

9 octobre. — Dispositions relatives au paiement des officiers de la garde mobile dont la nomination n'a pas été confirmée par l'élection. Ces officiers cessent d'avoir le droit de porter les insignes militaires, à moins qu'ils ne soient utilisés comme officiers d'ordonnance de généraux.

10 octobre. — Les officiers-payeurs sont dispensés du service militaire et peuvent être nommés spécialement pour ces fonctions. Le commandant Balète profite de cet avis pour demander que le capitaine Renard, non élu, puisse rentrer dans les cadres du bataillon.

11 octobre. — Le 5e bataillon de la Somme vient camper sur notre droite. Son indiscipline nous démontre combien une bonne direction est nécessaire quand on veut obtenir des résultats. Le commandant de ce bataillon refuse lui-même de se soumettre aux ordres de M. le lieutenant-colonel Reille. En présence d'aussi mauvaises dispositions, le général de Ligners se décide à faire rentrer ce bataillon dans Paris après un campement de trois jours.

13 octobre. — Le *Journal officiel* publie un rapport militaire qui mentionne une reconnaissance faite par les mobiles du Tarn (lieutenant-colonel Reille.) Je constate avec surprise qu'il n'est pas question du bataillon de la Drôme qui, cependant, y a pris une part active.

Pendant que les bataillons du Tarn occupaient le centre et marchaient en avant sur les pentes d'Avron, la 3e compagnie du bataillon de la Drôme, sous les ordres de M. de Blottefière, se trouvait sur la gauche du plateau et redescendait même du côté de Villemonble. Au détour d'un chemin, cette compagnie se trouva en présence d'un poste prussien, qui se replia immédiatement après avoir tiré quelques coups de feu qui n'atteignirent personne. La 7e compagnie avait cotoyé le fort de Rosny et s'était porté vers l'extrême gauche. Elle avait reconnu l'existence d'un autre poste prussien mais à une très-grande distance. Quelques balles furent envoyées dans cette direction.

M. Baur, à la tête de la 5e compagnie, après avoir été obligé de cotoyer des carrières, entendit le tir de la 7e et marcha de ce côté croyant appuyer la 3e compagnie que des accidents de terrain avaient dérobé à sa vue.

Pendant ce temps, MM. Huz et Nublat avaient déployé les deux premières compagnies en tirailleurs sur la droite du village, pour protéger la reconnaissance contre toute surprise de ce côté. Dans quelques maisons, ils trouvèrent encore des cendres chaudes et d'autres traces du départ subit des Prussiens.

14 octobre. — Le Ministre de la guerre demande qu'on lui désigne les noms et les situations des ecclésiastiques qui se sont dévoués volontairement aux fonctions d'aumônier. Beaucoup de prêtres, en effet, s'étaient joints à la mobile ou étaient partis avec elle sans avoir été reconnus par l'État et sans avoir droit à des allocations. Le bataillon de la Drôme n'avait pas d'aumônier. M. l'abbé Fiard, bien que du département, était attaché à une division différente. Il en était de même de M. Cadoret, pasteur protestant de Montmeyran, donc les fonctions s'exerçaient dans un autre corps d'armée que le nôtre.

17 octobre. — Lettre du général, commandant la 1re division militaire, adressée au général commandant la mobile à l'Élysée :

GÉNÉRAL,

Pour éviter autant que possible que des manifestations regrettables ne se produisent sur le passage des prisonniers prussiens, le Gouverneur de Paris a prescrit qu'à l'avenir les prisonniers de guerre au lieu d'être conduit à l'état-major de la place seraient dirigés immédiatement sur la prison de la Roquette. J'ai l'honneur de vous prier de faire porter ces dispositions à la connaissance de MM. les Officiers de la garde mobile.

Agréez, etc.

Le Général Commandant la 1re Division Militaire,
Signé : DE MALROY.

18 octobre. — Le bataillon de la Drôme redescend à Montreuil; il est remplacé sur le plateau de Tilmont par un des bataillons du Tarn.

Un service de ronde est organisé pour la nuit, dont l'itinéraire est celui-ci :

Les officiers désignés doivent partir successivement d'heure en heure du poste de police, visiter les cantonnements du bataillon, le poste de la rue de l'Église, le camp de Tilmont et les postes de la place Malassise et de la route de Bagnolet.

19 octobre. — Le rapport officiel expose que, le matin, des obus lancés du fort de Nogent, ont porté sur un gros peloton ennemi à l'extrémité du plateau d'Avron.

Il importe de rectifier une assertion de ce genre car elle est complétement inexacte. Les ordres étaient si mal donnés que le commandant de Nogent ignorait presque toujours les reconnaissances qui devaient avoir lieu. Ce gros peloton ennemi, sur lequel les artilleurs pointaient leurs pièces, n'était autre que la compagnie de Sieyès qui, voyant que Nogent tirait sur elle, dut se replier immédiatement.

20 octobre. — **RAPPORT MILITAIRE.** — Hier matin une reconnaissance très-hardie a été exécutée en avant des forts de Rosny et de Nogent par les mobiles de la Drôme (commandant Balète), de la Côte-d'Or (commandant Dupuy) et du lieutenant-colonel Reille.

Notre gauche s'est avancée dans le parc du Raincy, jusqu'à la porte de Paris et de là s'est rabattue sur Villemonble qui a été fouillé en tous sens. L'ennemi a été ensuite débusqué du parc de Lauray. Pendant ce temps quelques compagnies ont gravi les pentes d'Avron, occupé tout le plateau, et tiraillé à son extrémité Est sur le poste avancé de la maison Blanche.

Notre centre, aussitôt Avron occupé, est entré dans le village du Bois de Neuilly qui était évacué. Nos tirailleurs l'ont ensuite dépassé et se sont portés sur Neuilly-sur-Marne, où l'ennemi était retranché en forces considérables.

Cette reconnaissance a permis de constater que les avants-postes prussiens occupent aujourd'hui Launay, la Maison-Blanche et Neuilly-sur-Marne, c'est-à-dire à 4 kilomètres de Nogent.

Cette nuit, à deux reprises, l'ennemi a tenté des attaques sur un poste de mobiles à Cachan ; elles ont été aisément repoussées et ont donné lieu à une vive canonnade de nos forts, dont les obus ont été fouillés les positions ennemies de Châtillon jusqu'à Bourg-la-Reine et l'Hay.

Le Gouverneur de Paris,

P. O. le Général, Chef d'Etat-Major-Général,

Signé : SCHMITZ.

C'est dans cette affaire que le commandant Dupuy, de la Côte-d'Or, eut un cheval tué sous lui. Le bataillon avait pris position au camp de Tilmont depuis quelques jours.

21 octobre. — Recommandation expresse de M. Blondeau, directeur de l'administration au Ministère de la guerre, de ménager les approvisionnements avec un soin extrême.

Les rations de fourrage pour les chevaux d'officiers d'infanterie sont réduites à 2 k. 500 de foin et 4 k. 800 d'avoine. On avait la faculté de remplacer 500 gr. d'avoine par 750 gr. de son.

Il était d'une extrême importance de ne pas gaspiller non plus les munitions, le 2me bureau du matériel d'artillerie prescrivit au chef des ambulances de faire verser les cartouches des hommes blessés à la manufacture des tabacs, quai d'Orsay, nº 67.

24 octobre. — Le capitaine Huz faisant fonction de major est chargé de faire établir les contrôles de chaque compagnie en double expédition et d'y faire inscrire toutes les mutations du bataillon depuis son arrivée à Paris.

La pénurie des magasins militaires et du campement nous avait obligé d'avoir recours à l'industrie privée. Une commission d'achat avait été instituée pour passer des marchés sous réserve de l'acceptation du conseil d'administration qui avait reçu du trésor une somme de 60,000 fr. destinée à les solder.

Le conseil d'administration se composait alors de M. Balète, commandant, président du conseil, Huz, capitaine, faisant fonction de major, de Blottefière, capitaine, à titre d'ancienneté ; Peloux, faisant fonction d'officier d'habillement, et Renard, capitaine, officier-payeur.

27 octobre. — Le bataillon remonte au camp de Tilmont, et prend position à la droite de celui de la Côte-d'Or déjà placé. Le temps est horrible, les hommes couchent dans la boue. Le chemin de Montreuil présente l'aspect d'un cloaque immense; les nuits sont excessivement froides et les malades augmentent dans une proportion inquiétante.

29 octobre. — Le lieutenant-colonel Reille, à la tête des bataillons de la Drôme, de la Côte-d'Or et du Tarn se rend au champ de courses de Vincennes pour servir de réserve à une petite colonne expéditionnaire qui opère du côté de la Marne. Les hommes passent une nuit épouvantable et ne peuvent faire du feu par suite d'une pluie torrentielle qui dure toute la nuit.

Deux compagnies seulement sont restées au camp de Tilmont, l'une appartenant à la Côte-d'Or et l'autre à la Drôme. Une grêle de balles vient les assaillir sans qu'on puisse savoir d'où elles sont parties. M. le capitaine d'Hagerue fait prendre les armes, mais aucun incident nouveau ne se produit.

30 octobre. — En revenant du champ de courses de Vincennes, les bataillons rencontrent trois voitures de vivres embourbées sur le chemin de Montreuil et abandonnées de leur escorte. Le sous-officier chargé de ce convoi n'ayant pas trouvé assez d'énergie pour maintenir les hommes de son détachement est cassé de son grade.

Mois de Novembre 1870.

—

1er novembre. — CIRCULAIRE DU GOUVERNEUR DE PARIS. — Les événements que nous traversons en supprimant certaines sources de travail, et en augmentant la cherté des subsistances, ont développé la prostitution clandestine dans des conditions qui, en rendent parfois, la répression très-difficile. L'attention de l'autorité a été appelée, notamment, sur les provocations à la débauche, dont les militaires et les gardes mobiles sont l'objet de la part des femmes de mauvaise vie, qui abondent dans le voisinage des lieux où ils se rassemblent

Pour réprimer ces scandales, il est recommandé aux chefs de corps et aux officiers de l'armée et de la garde mobile de surveiller et d'arrêter, s'il y a lieu, en se faisant prêter assistance au besoin par les inspecteurs chargés de ce service, les femmes adonnées à la prostitution,

Général Gouverneur de Paris,
Signé : TROCHU.

Cette mesure, malheureusement, fut inefficace, et le nombre des vénériens fut toujours considérable.

3 novembre. — Nous n'avons pas mentionné les premiers essais des partisans de la Commune, à la date du 31 octobre. Tout le monde connaît ces détails et, d'ailleurs, ils sortent du cadre que je me suis tracé.

A la suite de cette tentative, heureusement avortée, les membres du Gouvernement voulurent faire affirmer leur autorité par le peuple et par l'armée. La question était ainsi posée dans le rapport du 2 novembre :

« La population de Paris maintient-elle, *oui* ou *non*, » les pouvoirs du Gouvernement de la Défense Natio- » nale? »

Pour le bataillon de la Drôme, le vote fut ouvert de 8 heures du matin à 6 heures du soir, dans une maison de campagne située à la gauche du camp. Le bureau était composé ainsi qu'il suit :

1re Compagnie,	MM.	Huz, capitaine, *président*.
2e	—	de Montal, lieutenant.
3e	—	Revol, sous-lieutenant.
4e	—	Ollier, sergent-major.
5e	—	Sibilat, sergent.
6e	—	Montalon, caporal.
7e	—	Mourvillier, garde.

Résultats du vote :

Inscrits......... 1148.
Votants......... 1148.

Oui	939	1148
Non	2	
Bulletins blancs	21	
Bulletins nuls	186	

4 novembre. — La ration de viande fraîche est réduite de 180 à 150 grammes, la ration de viande salée ou conservée de 150 grammes à 120 grammes.

5 novembre. — « Les troupes (officiers, sous- » officiers, caporaux et gardes-mobiles) resteront con- » signées jusqu'à nouvel ordre.» Communication d'urgence aux chefs de corps.

8 novembre. — M. le lieutenant-colonel Péchin est appelé à remplacer, comme chef d'état-major de la 1re division, M. le chef de brigade de Malroy, nommé général de division.

10 novembre. — La ration de fourrage est réduite à 1 kilog. 500. Par compensation, l'avoine est augmentée d'un kilog.

Le bataillon reprend ses anciens cantonnements à Montreuil.

11 novembre. — Par décret du 10 courant, M. Balète, chef de bataillon hors cadre, commandant le 2e bataillon de la Drôme, est nommé colonel de la garde-mobile pour commander les trois bataillons de la Seine-Inférieure, formant le 50e régiment, et le 2e bataillon de la Drôme.

Les élections d'un nouveau chef de bataillon auront lieu demain, 13 courant, à 9 heures et demi du matin, dans la salle du rapport. Le bureau sera formé de plusieurs capitaines, du plus ancien lieutenant, du plus ancien sous-lieutenant et présidé par le commandant.

Après l'élection, le commandant remettra son commandement au nouveau titulaire.

Cet ordre fut différé de quelques jours par suite de notre changement de résidence. Le bataillon reçut l'ordre de se mettre en route pour Asnières.

On attendit que l'installation fut complètement effectuée pour procéder à l'élection d'un commandant.

Trois candidats étaient en présence : MM. de Blottefière, de Beugny d'Hagerue et Huz. Les électeurs se composaient de tous les officiers. M. Huz, ayant retiré sa candidature, reversa ses voix sur M. de Beugny-d'Hagerue, dont le nom sortit 15 fois, contre M. de Blottefière, 7.

En conséquence, M. de Beugny d'Hagerue prit le commandement du 2e bataillon de la Drôme.

13 novembre. — Asnières était alors commandé par M. Boutier, colonel de gendarmerie, faisant fonctions de général de la 2e brigade de la 2e division du 2e corps d'armée.

Les hommes étaient cantonnés à la gauche de la sortie du pont, dans les charmantes villas qui sont construites sur le bord de la Seine. Malheureusement, ceux qui nous avaient devancés dans ce poste les avaient déjà complétement détériorées et avaient commis de nombreuses déprédations qui furent continuées par nos voisins de Seine-Inférieure. Le colonel Balète avait habitué les mobiles de la Drôme à une discipline sévère qu'ils surent, heureusement, conserver jusqu'à l'armistice.

16 novembre — M. de Blottefière reçoit sa nomination de capitaine-adjudant-major, dont il exerçait les fonctions depuis notre arrivée au camp de Tilmont.

M. de Chaptal le remplace comme capitaine à la 3e compagnie. M. Thivolle est promu au grade de lieutenant à la 7e compagnie, et M. Muet, sous-lieutenant, en son lieu et place.

20 novembre. — Tous les jours deux compagnies étaient envoyées en corvée au-delà de Bois-Colombe, sur la gauche du pont d'Argenteuil, pour creuser des tranchées destinées à faire passer de l'artillerie derrière les digues de la Seine.

De temps en temps quelques coups de feu étaient échangés d'une rive à l'autre pendant ces travaux qui étaient exécutés jour et nuit et dirigés par des sapeurs du génie. Des fusils de rempart étaient placés par les

Prussiens au point le plus élevé du clocher d'Argenteuil. L'auteur de ce compte-rendu a conservé précieusement une balle explosible qui a été tirée du haut du clocher et qui, après avoir passé entre M. le lieutenant Peloux et lui, s'est enfoncée dans un talus contre lequel ils étaient appuyés. On a souvent prétendu que les Prussiens ne se servaient pas de balles explosibles, c'est pour ce motif que je cite ce fait qui ne saurait être contesté, puisqu'il existe une preuve matérielle et irrécusable.

14 novembre. — Le bataillon quitte Asnières pour se rendre à Courbevoie. La caserne étant occupée par les zouaves et toutes les maisons environnantes se trouvant utilisées par des troupes de ligne, on nous assigne un pré humide où les hommes vont camper le premier jour. Le lendemain, un nouveau campement est installé dans l'avenue de Montebello. Le temps est excessivement froid et les tentes sont couvertes de neige.

17 novembre. — Les troupes de ligne, ainsi que les zouaves casernés ou cantonnés à Courbevoie, partent avec M. le général de Bellemare.

M. le colonel Balète est nommé commandant d'un groupe de mobiles se composant des bataillons de la Drôme, du Loiret, Seine-et-Marne et Côtes-du-Nord. Bien que la caserne de Courbevoie soit libre, on nous laisse toujours camper dans l'avenue Montebello malgré la neige et la glace.

19 novembre. — Le général de Beaufort-d'Hautpoul donne enfin l'ordre de nous mettre en caserne, ainsi que les bataillons du Loiret et de Seine-et-Marne. Quant à celui des Côtes-du-Nord, qui fait partie du même groupe, on le fait rester à Neuilly.

20 novembre. — Le colonel Balète établit différents postes sur la ligne du chemin de fer de Saint-Germain ; outre le service ordinaire dans Courbevoie et à la caserne, quatre compagnies sont journellement employées. Deux grand'gardes sont établies, l'une au pied du Mont-Valérien et l'autre à la Carrière-aux-Loups, près de Nanterre. Deux autres compagnies de piquet sont installées au rond-point de Courbevoie. Les rondes et les patrouilles se succèdent toutes la nuit et l'espace à parcourir est si considérable qu'on est obligé de diviser en deux sections les postes à visiter. La première section, qui se compose des deux grand'gardes et de tous les petits postes qu'elles fournissent, ne demande pas moins de 8 heures de marche pendant la nuit. Le service est tellement fatiguant que les hommes et même les officiers sont complétement sur les dents au bout de quelques jours.

Mois de décembre 1870.

—

1er décembre. — A cette époque nous faisons partie de la 2e division du 3e corps d'armée.

2 décembre. — Le nombre des chevaux de trait ou de selle du bataillon est de huit, y compris un mulet. La ration de fourrage diminue de jour en jour. On cherche à maintenir celle d'avoine.

7 décembre. — Lettre de M. le colonel Balète au commandant d'Hagerue :

Mon cher commandant,

J'ai reçu un rapport de l'officier supérieur de ronde au sujet de la Drôme.

C'est une satisfaction singulière pour moi de voir constater, au milieu de la déplorable façon dont se fait le service des avant-postes, de voir constater, dis-je, la manière exacte et rigoureuse dont il se fait au bataillon de la Drôme.

C'est dans ce pénible et si important service des avant-postes qu'une troupe montre sa solidité, la confiance qu'elle peut inspirer et affirmer sa réputation.

Je n'ai pas besoin de vous dire avec quel plaisir particulier et intime je vois le bataillon de la Drôme en possession des qualités qui font les bonnes troupes et qui lui ont fait une place à part dans les bataillons de la mobile.

Je vous prie de dire à votre bataillon combien je suis heureux qu'il se fasse remarquer par sa bonne tenue.

Recevez, mon cher commandant, etc.

BALÈTE.

8 décembre. — Une société fraternelle des enfants de la Drôme, résidant à Paris, est instituée par quelques-uns de nos compatriotes. M. Férand, chef de bureau au ministère des Beaux-Arts, en est le président. Je ne saurai mieux rendre compte de son but qu'en reproduisant la lettre-circulaire ou ses membres fondateurs ont exposé leur programme.

Paris, le 6 décembre 1870.

Cher Compatriote,

Les luttes héroïques auxquelles les soldats, les gardes mobiles et les volontaires de la Drôme avaient déjà pris part, celles auxquelles ils sont appelés à assister encore, enfin les douloureux événements qui sont venus aggraver les souffrances et les privations de ceux de nos compatriotes dont la situation, à Paris, était déjà difficile, ont inspiré la pensée de fonder notre Société de patronage et de secours.

Constituée sous le titre de *Société fraternelle des Enfants de la*

Drôme résidant à Paris, notre Association, vous le savez, a pour objet :

1° De venir en aide aux soldats, gardes mobiles et volontaires de notre département, blessés, malades, ou dans le besoin ;

2° De patronner et de secourir nos compatriotes civils sans ressources, sans emploi ou sans travail à Paris ;

3° De recueillir tous les renseignements pouvant intéresser les familles ;

4° De signaler, soit dans les journaux, soit dans un mémorial dont la rédaction sera confiée à un écrivain de la Drôme, les noms des morts, des blessés et des prisonniers, les actes de bravoure, les brillants faits d'armes, enfin tous les épisodes historiques se rattachant à la part prise par nos vaillants soldats à la défense nationale, comme aussi tous les services importants rendus, soit au pays, soit au département, par nos compatriotes civils.

Jamais mission, assurément, ne fut plus belle, plus grande, plus utile. Aussi, pour la remplir comme il convient de le faire, notre Société aime-t-elle à compter sur le dévoué concours de tous les enfants de la Drôme.

Pénétrée de ce sentiment, l'Association, réunie en assemblée générale, a décidé, le 4 de ce mois, que chacun de ses membres serait invité à provoquer, dans le département, des souscriptions en faveur de son œuvre fraternelle. Cette invitation, nous vous l'adressons aujourd'hui, en vous priant de vouloir bien engager vos parents et vos amis à seconder, dans les localités qu'ils habitent, les généreux et patriotiques efforts de leurs concitoyens, résidant à Paris, associés dans le double but d'alléger d'honorables misères et de rendre hommage à tous les dévouements consacrés à la délivrance de la Patrie.

Agréez, cher compatriote, l'assurance de nos sentiments affectueux.

Le Président de la Société :

EUGÈNE FERRAND,

Avocat, Chef de Bureau au Ministère de l'Instruction publique, des Cultes et des Beaux-Arts, Chevalier de la Légion d'honneur.

Les Vice-Présidents :

Octave ADVENANT,

Administrateur du journal *le Réveil*, Président du Comité des délégués.

BARNIER,

Docteur-Médecin, Président du Comité médical.

Charles PEILLARD,

Capitaine Commandant de Gendarmerie, Chevalier de la Légion d'honneur, Président du Comité militaire.

Le Trésorier :

Eugène BERNARD,

Négociant.

Le Secrétaire :

Henri FILLIAT,

Gérant du journal *le Siècle*.

Nous ignorons encore si le mémorial dont il est question dans cette lettre a été imprimé, et quel est l'écrivain qui s'est occupé de sa rédaction. M. Deshayes, lieutenant, avait formé le projet de faire un résumé des opérations militaires. Je ne l'ai pas encore vu paraître et c'est ce qui m'a déterminé à publier ce compte-rendu, indépendamment d'un autre travail que je réserve à mes lecteurs et que j'avais commencé avant que M. le Ministre de la guerre ait demandé ce rapport.

9 décembre. — Une prise d'armes a lieu pour se rendre à Nanterre observer l'ennemi qui se trouve de l'autre côté de la Seine. On veut lancer un pont sur l'île de Chiard sous la protection du Mont-Valérien. Une vive fusillade se fait entendre sur notre gauche.

Est-ce une une feinte? Nous l'ignorons ; mais, ce qui donne de la consistance à ce bruit, c'est que le pont que l'on veut jeter n'est défendu par aucune pièce de canon ; les coups du Mont-Valérien paraissent porter beaucoup plus loin qu'il ne faut. Il est présumable que ce n'est qu'une démonstration ayant pour but de masquer une attaque plus éloignée. Le froid est très-vif.

10 décembre. — Le général de Beaufort fait savoir que bien que quelques officiers non réélus aient pu être autorisés à remplir les fonctions d'officier-payeur, il ne s'ensuit pas qu'un lieutenant, possesseur de cet emploi, puisse être élevé au rang de capitaine, sans passer par l'élection.

11 décembre. — Les boîtes de viande conservée peuvent engendrer des maladies. Plusieurs capitaines demandent que des ordres soient donnés pour qu'on puisse les changer quand la viande est gâtée. M. Luneau, commissaire-adjoint de la marine, est alors notre sous-intendant. Le magasin des vivres est rue de Chartres, à Neuilly; celui de fourrage, rue Cambronne, 5, à Paris-Grenelle.

Presque tous les officiers sont logés rue de Bezons, à Courbevoie.

12 décembre. — On demande des hommes ayant travaillé dans des moulins et sachant rhabiller les meules. On commence à faire entrer dans la confection du pain, la farine de fèves, de pois, de riz, de blé noir et quelque peu de paille hachée.

13 décembre. — Nouvelle prise d'armes pendant la nuit. Je suis de grand'garde à la Carrière-aux-Loups, et je ne sais au juste ce qui se passe. Les compagnies se rendent près du Mont-Valérien. Le canon tonne. Je tiens mes hommes sous les armes pendant toute la nuit, prêts à toute éventualité.

16 décembre. — M. Peloux, lieutenant à la 1re compagnie, est nommé capitaine, en remplacement de M. le commandant d'Hagerue.

19 décembre. — M. Colomb, sous-lieutenant, est promu au grade de lieutenant, et M. Bérenger, à celui de sous-lieutenant, à la 1re compagnie. M. Arbod passe avec son grade à la 6e compagnie.

21 décembre. — Le bataillon part à 6 h. 1/2. Les hommes emportent leurs cartouches, du pain et leurs bidons pleins. Promenade nouvelle à Nanterre, sans aucun résultat.

23 décembre. — Service toujours pénible. Quatre nuits blanches par semaine pour la grand'garde, le piquet, la ronde de la 1re section et celle de la 2e section. Les hommes sont en général très-fatigués, car ils ont en plus les postes de l'intérieur de la place.

25 décembre. — Nous sommes, pour ainsi dire, immobilisés à Courbevoie. A quoi servons-nous? Les veilles sont meurtrières pour les hommes. Les petits postes des grand'gardes sont dépourvus d'abris et celui de la route de Charlebourg est la bête noire de tous les lieutenants.

27 décembre. — Nous attendons toujours que le bataillon des Côtes-du-Nord vienne de Neuilly partager et diminuer notre service. Le général de Beaufort s'y oppose. Pourquoi?

31 décembre. — Les aubades sont interdites à l'occasion du 1er janvier. MM. les officiers sont dispensés de toute visite aux chefs de corps.

Mois de Janvier 1871.

1er janvier. — J'ai l'avantage d'être à la grand-garde le premier jour de l'an. Le mot d'ordre est un nom connu de nos voisins de l'Ardèche : *Boissy-d'Anglas* ; le mot de ralliement est *Bitche.*

5 janvier. — La situation est toujours la même; elle est d'une monotonie fatigante. Nous sommes complètement laissés de côté. On n'a songé à nous, ni pour les affaires d'Avron, ni pour celles du Bourget. Je sais bien que la position de Courbevoie qui nous est confiée est d'une grande importance pour Paris, mais il est fâcheux que le gouvernement ne veuille pas profiter du bon vouloir de nos hommes. La discipline se maintient.

10 janvier. — Une circulaire du général Le Flô, ministre de la guerre, exige que les chefs de corps expédient dans les 48 heures, l'état nominatif des hommes, tués, blessés, disparus ou faits prisonniers de guerre jusqu'à ce jour.

18 janvier. — Le commandant d'Hagerue est de service cette nuit, mais il est souffrant et je reçois l'ordre de faire la ronde de la 1re section à sa place. Je commence par le poste de Puteaux et je me rends à la grand'garde du Mont-Valérien. Vers une heure du matin, j'arrive au piquet n° 2 du rond-point de Courbevoie, visiter le poste de la 6e compagnie. Son capitaine, M. Peloux, m'apprend qu'on part à 3 heures. Je rentre immédiatement à la caserne pour m'occuper des préparatifs. La nuit est très-sombre.

19 janvier. — Quatre heures du matin. Nous partons. L'avenue Montebello est encombrée de gardes nationaux qui y ont bivouaqué et qui font le café. Nous arrivons au rond-point. Le général Fournès s'emporte contre nous, parce que nous avons coupé sa colonne, tandis que c'est au contraire lui qui a coupé la nôtre. Le colonel Balète est parti avec la compagnie de Sieyès, qui était d'avant-garde, et celle de M. Peloux qui est de piquet. Il donne l'ordre à l'adjudant-major de Blottefière de nous prévenir du chemin que nous devons prendre. M. de Blottefière ne donne pas d'indications suffisantes, de telle sorte que le commandant d'Hagerue ne sait où il faut aller. Après une assez longue attente, les chefs de bataillon de la Drôme et du Loiret prennent le parti de suivre la voie du chemin de fer de Saint-Cloud. Nous finissons par rejoindre notre colonel.

Les quatre bataillons sont formés en colonne par divisions serrées en masse, et nous avançons dans la direction de Montretout. Le colonel a à sa disposition une section des carabiniers parisiens.

Un assez long temps d'arrêt nous retient encore jusqu'au moment où un officier d'état-major apporte l'ordre de détacher un bataillon pour occuper le plateau qui sépare la redoute du parc de Buzenval. La Drôme est désignée par le colonel; nous nous formons d'abord en bataille, puis en colonne de division. Quelques balles perdues arrivent parmi nous.

Nous gravissons le coteau jusqu'à un petit chemin placé au-dessus d'une briqueterie. Pendant ce trajet, les 7e et 5e compagnies sont détournées de leur route par le général Noël sans que le commandant en soit prévenu. Comment se fait-il que la 6e reste avec le gros du bataillon? je l'ignore et je ne puis le comprendre que par les accidents de terrain qui font que le général Noël, ne l'ayant pas vue, n'a pu lui donner le même ordre qu'à la 5e qui marchait devant. La 7e compagnie de Sieyès est envoyée dans la redoute de Montretout. La 5e, de M. Baur, est utilisée un instant à frayer un chemin pour l'artillerie qui ne s'en est pas servi.

Le commandant donne l'ordre à M. Peloux de déployer sa compagnie en tirailleurs sur le haut du coteau et à M. Huz de le soutenir avec la sienne. Les hommes partent immédiatement; à peine arrivés, le caporal Bégot, de la 1re compagnie, est atteint d'une balle dans la cuisse. La fusillade est très-vive par moments. L'ennemi est caché derrière des tranchées et des murs crênelés à droite, à gauche et en avant. Les feux sont croisés dans tous les sens. Les hommes tirent malgré nous, car ils ne voient rien et ne sont pas abrités comme les Prussiens. Le colonel Madelaure, sous les ordres duquel nous sommes momentanément, fait dire au commandant d'Hagerue de se maintenir sur le haut du plateau, mais de ne pas le dépasser. Il faut donc subir le feu d'un ennemi invisible et arrêter l'élan des troupes. C'est en vain que M. Peloux veut marcher en avant et chercher à enlever la position sous un feu meurtrier, la défense est formelle : *Il ne faut pas dépasser le plateau.*

D'autres compagnies sont envoyées en tirailleurs à côté de nous. La situation ne me permet pas d'observer tout ce qui se passe. Je remarque, cependant, toujours au premier rang, MM. Peloux et Chaptal, M. le lieutenant Lafon, M. Bérenger, mon sous-lieutenant, et beaucoup d'autres; tous montrent le plus grand courage. Le commandant d'Hagerue est également impassible et plein de sang-froid au milieu d'une grêle de balles. Il envoie M. Bérenger en mission.

Le sergent Juvenel tombe frappé à mort.

La lutte dure depuis longtemps. Un autre bataillon

vient nous renforcer. Les balles sifflent de tous côtés et on entend le crépitement des mitrailleuses. Une décharge plus forte que les autres vient jeter un instant la confusion. M. d'Hagerue croit à un mouvement de l'ennemi et fait mettre la baïonnette au bout du canon. Il encourage tout le monde par son sang-froid.

Il est environ midi. Une nouvelle décharge plus formidable que la première, et produite très-probablement par une mitrailleuse, nous enveloppe de tous côtés. M. Peloux tombe, et, en même temps que lui, M. Seveste, pensionnaire de la Comédie-Française, sous-lieutenant des carabiniers parisiens. On les relève tous deux et on les porte au docteur Blanc qui panse leurs blessures. Je redescends quelques pas pour serrer une dernière fois la main de mon ami Peloux, dont le visage est déjà couvert des ombres de la mort.

Une heure après environ, nous redescendons dans le petit chemin creux d'où nous sommes partis, après avoir été relevés par les Côtes-du-Nord. Le canon se fait entendre. Les Prussiens qui ont occupé la position le matin savent que nous devons être dans ce chemin qu'ils connaissent très-bien. Une batterie fait tous ses efforts pour faire tomber quelques obus au milieu de nous. Les projectiles viennent éclater tantôt sur un talus, tantôt sur l'autre. Placés entre les deux, nous entendons leurs éclats passer sur nos têtes et nous sommes parfois aveuglés par la terre qu'ils font jaillir dans toutes les directions. Heureusement le terrain est détrempé, sans cela nous serions pulvérisés.

M. le capitaine Baur monte à son tour sur le plateau avec MM. Charvin et Charlon ses lieutenants. Tous trois se distinguent par leur énergie.

M. Michel, sous-lieutenant de la 4e compagnie, s'y rend également; et, quelques instants après, il passe au milieu de nous, sur une civière, la tête partagée par un éclat d'obus.

Que faisons-nous dans ce chemin? D'un instant à l'autre l'ennemi peut rectifier son tir, et en appuyant un peu à gauche, la batterie prussienne peut nous prendre en écharpe et balayer la route où nous nous abritons. Le commandant fait demander des ordres on ne lui en donne pas.

Je me rends avec lui près du colonel Madelaure pour lui exposer la situation et, ensuite, pour demander la croix de la Légion d'honneur pour M. Peloux, si plein de bravoure et qui respire *peut-être* encore. M. Madelaure prend son nom sur ses tablettes.

Enfin on nous fait quitter cette position pour en prendre une autre. Nous sommes placés en dessous de la tuilerie derrière une haie. De là, nous voyons les péripéties de la lutte. Devant nous un régiment de ligne est engagé, beaucoup d'officiers sont emportés du champ de bataille.

Mais les Prussiens qui depuis le matin avaient gardé la défensive commencent à reprendre du terrain. Il n'y a pas de réserves suffisantes. Les gardes nationaux s'éparpillent sans ordre dans la plaine aux premiers coups de feu. Je fais exception, cependant, pour quelques bataillons qui se sont bien montrés.

Le temps passe et avec lui nous perdons du terrain. Un mouvement s'opère; nous prenons position tout-à-fait derrière la tuilerie et nous recommençons à tirer sur l'ennemi qui a tout-à-fait repris l'offensive.

Les hommes sont couchés dans les vignes. Le colonel Balète vient près de nous, il paraît calme et brave.

La nuit commence à tomber lorsqu'un nombreux état-major arrive; c'est le général Trochu. Une décharge arrête presque subitement les chevaux qui reprennent le galop aussitôt la bourasque passée.

On n'y voit plus, mais les balles pleuvent toujours autour de nous. Pas d'ordre? Que faut-il faire? Je n'ai plus autour de moi que les sergents Convert, Magnat et quelques hommes; les autres sont disséminés dans les vignes ou sont repartis en profitant des ombres de la nuit. Je vois tout le monde s'éloigner... La position est reprise par les Prussiens et la partie perdue.....

Il est 10 heures lorsque je rentre à Courbevoie avec une partie de mes hommes que j'ai pu rassembler sur la route. Nous sommes harassés, fatigués, morts de faim! Je suis de plus atterré par la nouvelle de la mort de M. Peloux!

Le bataillon s'est courageusement conduit pendant cette horrible journée. Je n'ai pas à me préoccuper ici, du but que nos gouvernants ont voulu atteindre, en nous conduisant au combat le 19 janvier; nous avions d'ailleurs le plus vif désir d'être utilisés, mais qu'il me soit permis d'ajouter un seul mot malgré mon peu d'expérience :

Les dispositions pour la bataille du 19 janvier n'étaient pas mieux prises, que le jour où Napoléon III a déclaré cette funeste guerre à la Prusse, sans avoir à lui opposer une force égale à la sienne.

Nos pertes ont été relativement minimes si on les compare à celles de certains régiments. Elles sont beaucoup trop fortes puisqu'elles n'ont été d'aucune utilité pour la Patrie.

Le rapport de M. le commandant d'Hagerue retrace tous les faits que je viens de rapporter et c'est pour ce motif que je ne le reproduis pas *in extenso*. Je vais cependant en citer quelques passages. Après avoir exposé les préliminaires du combat et la position que nous avions à défendre, il s'exprime ainsi :

Le bataillon composé des 1re, 2e, 3e, 4e et 6e compagnies et de la 5e compagnie qui est venu le rejoindre vers une heure, a montré beaucoup de fermeté au feu, quoiqu'il y allât pour la première fois. La sixième a été déployée la première en tirailleurs et a eu une excellente attitude, d'autant plus remarquable que cette compagnie, venant d'être relevée de service, était fatiguée avant l'action. La 1re compagnie, déployée presque en même temps, a montré aussi beaucoup de fermeté.

Les officiers ont tous fait leur devoir, mais je dois signaler, entre eux, ceux que j'avais avec moi. Parmi les capitaines : M. Peloux, blessé très-grièvement, dont la conduite a été digne des plus grands éloges. Cet officier, très-remarquable à tous égards, a dirigé sa compagnie avec beaucoup d'intelligence et de sang-froid. MM. de Chaptal et Huz ont conduit leur compagnie avec beaucoup d'entrain et de vigueur.

Parmi les lieutenants, M. Michel a été tué à un poste dangereux qu'il avait lui-même demandé. M. Lafon s'est distingué tout particulièrement. M. Bérenger a montré pendant toute l'action un sang-froid et une énergie très-remarquable. MM. les docteurs Blanc et Valleix méritent aussi d'être signalés pour leur courage et leur dévouement.

Parmi les sous-officiers, le sergent-major Robert arrivé très-souffrant sur le lieu de l'action, y est resté jusqu'à la fin, secondant son capitaine et ensuite son lieutenant, quand le premier a été frappé ; le sergent-major Ollier s'est distingué par son attitude ferme et énergique. Le sergent Aubert, blessé deux fois, mérite aussi des éloges particuliers. Enfin les sergents Convert, de la 1re, et Morin, de la 3e, ont tenu pendant tout le temps du combat une conduite qui les a fait distinguer.

Le commandant signale ensuite les caporaux et soldats. Nous allons les inscrire ici afin qu'ils puissent avoir entre les mains un titre qu'on devait toujours leur donner, mais que les événements ont sans cesse reculé. Un ordre du jour avait été préparé à ce sujet, mais n'a jamais été lu à la troupe.

1re Compagnie.

CONVERT, sergent, cité plus haut (médaillé).
MAGNAT, sergent, calme au feu, sang-froid.
BÉGOT, caporal, a reçu la 1re blessure, balle dans la cuisse (médaillé).
LIOTARD, caporal, s'est bien montré.
ROBERT, garde, belle attitude au feu.
DUC, garde, les deux pieds traversés (médaillé).
SAINTE-MARIE, garde, intrépidité.
DELHOMME, garde, intrépidité.
TEINTURIER, garde, intrépidité.
BARTHELEMY, garde, intrépidité.
GRAVOULET, garde, blessé, courageux.
ROMANAT, garde, courageux.
TABARIN, garde, courageux.
GISON, garde, courageux.
COLLÉON, blessé au pied.
VITH, garde, blessé.
BLACHE, garde, intrépidité.
GRIMAUD, garde, blessé.
SIBILAT, belle attitude, nommé caporal.
LAMBERT, belle attitude, nommé caporal.

2e Compagnie.

ARMAND, sergent-major, sang-froid.
LÉOTHAUD, sergent, sang-froid.
DELAYE, caporal, intrépidité.
CHARRIN, caporal, intrépidité.
CHAMBEAUD, garde.
DELAPASSAT, garde, intrépidité.
JULLIEN, garde, intrépidité.
BÉGOT, garde, intrépidité.
POUSSE, garde, intrépidité.
LORME, garde, intrépidité.
AGRANIER, intrépidité.
BLACHE, garde, blessé légèrement.

PIPARD, garde, intrépidité.
REBATEL, garde, intrépidité.
CLÉMENT, garde, intrépidité.
COTTE, blessé légèrement.
GÉNISSIEUX, garde, intrépidité.
CHALÉAT, garde, intrépidité.

3e Compagnie.

MORIN, sergent, intrépidité.
BAUDE, caporal, blessé, nommé sergent (médaillé).
JUVENETON, garde, blessé, poitrine traversée (médaillé).
BRET, sergent-fourrier, intrépidité.
CHOVET, sergent, intrépidité.
VALLET, caporal, intrépidité.
COCHE, caporal, intrépidité.
REVOL, garde, intrépidité, blessure légère.
ARGOUD, garde, intrépidité.
GANAVAT, garde, blessure légère.
DENAUD, garde, intrépidité.
PALAIN, garde, intrépidité.
LAMBERTON, garde, intrépidité.
AUBERT, garde, intrépidité.
VASSY, garde, intrépidité.
GELAS, garde, intrépidité.
ASTIER, garde, intrépidité.

4e Compagnie.

OLLIER, sergent-major, déjà cité.
AUBERT, sergent, déjà cité (médaillé).
PERIGNON, sergent, fermeté, courage.
GAUTHIER, caporal, a été nommé sergent.
THONERIEUX, caporal-fourrier, fermeté.
BRAVAIS, garde, blessé (médaillé).
CHAUSSINARD, garde, blessé.
DUGLOU, garde, blessé.
JACQUEMET, garde, fermeté.
MAZADE, garde, blessé.
GAILLARD (Marius), garde, blessé.
PHILIP, garde, fermeté.
LAPRAT, garde, fermeté.
DEFAYSSE, garde, blessé.

COURT, garde, blessé.
DUMAS (Louis), garde, fermeté.
OLLAGNIER, garde, fermeté.
AUBERT, caporal, fermeté.

5e Compagnie.

CHEVAL, sergent-major, a rendu d'utiles services toute la journée.
LANTHEAUME, sergent, courage et fermeté.
BOUHIC dit BELLOC, sergent, s'est conduit comme un vieux soldat.
TANCHON, garde, a marché toujours au 1er rang.
GAUTHIER, garde, a marché toujours au 1er rang.
BAYARD, clairon, a sonné la charge à la prise de Montretout, courage et intrépidité.

6e Compagnie.

ROBERT, sergent-major, nommé sous-lieutenant.
ROBERT, sergent, intrépidité.
MONTALON, caporal, nommé sergent, fermeté, courage.
PIC, garde, nommé caporal.
PETIT-PIERRE, garde, intrépidité
BUREL, garde, intrépidité.
MARION, garde, intrépidité.
TRAVERSIER, garde, fermeté ; léger coup de feu.
GUIOT, garde, fermeté.
ROBIN, garde, fermeté.
GENISSIEUX, garde, fermeté, calme et sang-froid.
PELLIN, fermeté et intrépidité.
DREVETON, garde, fermeté.
GROS, garde, fermeté.
GUICHARD, garde, fermeté.
FOUR, garde, fermeté.
SARLES, garde, fermeté.
DESMOND, garde, fermeté.
REYNAUD, garde, fermeté.

7e Compagnie.

La 7e compagnie chargée de monter à l'assaut de la redoute de Montretout a fait 5 prisonniers.

AMBLARD, garde, blessé.
BONNETON, garde, disparu.
BRUNET, garde, disparu.
DISSARD, sergent, ferme et intrépide.
ABISSET, sergent, ferme et intrépide.
FERRODET, sergent, ferme et intrépide.
ARMAND, caporal, ferme et intrépide.
MOURVILLIER, caporal, ferme et intrépide.
VAUSSIER, caporal, ferme et intrépide.
BLACHE, garde, ferme et intrépide.
JOURDAN, garde, ferme et intrépide.
MIGNET, garde, bon soldat.
AMBLARD, garde, bon soldat.
FAURE, garde, bon soldat.
RÉCAMIER, garde, bon soldat.
VERMILLIÈRE, garde, bon soldat.
MOURRET, garde, bon soldat.
BARAQUAND, bon soldat.

J'ai inscrit fidèlement tous ceux qui sont portés sur les états que j'ai en mains. Il en est peut-être encore quelques-uns qui auraient mérité d'y figurer. Si des oublis ont été commis, ils auront du moins pour eux la conscience d'avoir noblement payé leur dette à notre malheureux pays.

25 janvier. — Quatre décorations de la Légion d'honneur sont accordées aux officiers. M. le commandant de Beugny d'Hagerue, M. de Blottefière, adjudant-major, M. Baur, capitaine de la 5e compagnie et M. le docteur Blanc, sont faits chevaliers.

Le dévouement du docteur Blanc a été admirable et nul mieux que lui n'avait mérité cette distinction. M. le colonel Balète a donc fait justice, en le proposant pour la Légion d'honneur, mais il lui eût été facile de faire passer cette proposition par la hiérarchie médicale. Un officier de plus aurait profité de cette quatrième décoration et M. le docteur Blanc n'en aurait pas moins été chevalier.

M. le commandant d'Hagerue adressa un peu plus tard un mémoire de proposition supplémentaire à M. le Ministre de la guerre. Cette pièce fut soumise à l'approbation du général Vinoy, qui inscrivit sur le dossier le mot : *Recommandé*. Qu'est devenu ce mémoire ? Sans doute il a été consumé avec le palais de la Légion d'honneur et la recommandation du général Vinoy se trouve réduite en cendres.

26 janvier. — Une triste cérémonie a lieu à Courbevoie. Une oraison funèbre trouve difficilement sa place dans un rapport militaire, aussi ne dirai-je que deux mots des funérailles de M. Peloux.

Il était bâtonnier de l'ordre des avocats de Valence, lorsqu'il partit volontairement avec nous le 18 août 1870. Sa mort plonge dans la plus profonde douleur une femme digne de toutes nos sympathies et un enfant qui, lui aussi, sera un jour un homme de cœur. Le dévouement de M. Adrien Peloux n'a pas reçu de récompense; mais il est dû devoir de nos chefs d'accorder à son fils la protection que lui a mérité le sacrifice de son père.

M. Michel a aussi payé de sa vie sa dette à la patrie. Notre plus grand regret est de n'avoir pu retrouver sa dépouille mortelle pour lui donner une sépulture digne de son courage.

28 janvier. — L'armistice est signé. Nous quittons Courbevoie pour aller à Auteuil. Nous sommes prisonniers !...

L'encombrement est grand dans l'avenue de la Grande-Armée et dans celle de Neuilly. Les Prussiens arrivent à midi par la route du Mont-Valérien. Nous fuyons devant eux pour respecter l'engagement pris par Jules Favre.

Un homme qui, sans doute, n'a jamais été au-devant des balles prussiennes, insulte le colonel Balète dans l'avenue de Neuilly, comme s'il était responsable, lui, l'échappé de Sédan, de la capitulation de Paris. Misérable !

29 janvier. — Nous sommes à Auteuil. Le commandant d'Hagerue demande à se rendre dans la Drôme pour se porter candidat aux élections de l'Assemblée nationale. Il s'engage sur l'honneur à se constituer prisonnier des Prussiens dans les quatre jours qui suivront le vote, s'il n'est pas élu ou si son élection n'est pas validée.

Avant de partir il fait ses adieux au bataillon. Voici le texte de sa proclamation :

Habitants de la Drôme !

Je viens me présenter à vos suffrages : prisonnier de guerre, je voudrais encore servir ma patrie en concourant à alléger ses maux. Beaucoup d'entre vous connaissent mes sentiments, tous les connaîtront quand ils auront lu mes adieux au bataillon que j'ai l'honneur de commander.

Paris, 1er février 1871.

2e bataillon de la Drôme,

Au milieu des désastres qui accablent notre France bien aimée, s'il peut rester une consolation, c'est celle que donne la conscience du devoir accompli ; aussi, gémissons tous sur les malheurs qui nous frappent, mais restons calmes et dignes en attendant l'heure de la revanche qui sonnera un jour pour nous.

Enfants de la Drôme, depuis six mois vous avez enduré bien des privations, vous avez supporté de rudes fatigues sans qu'une plainte se soit échappée de vos poitrines ; devant l'ennemi comme devant la souffrance vous avez fait votre devoir, tous ceux qui vous ont vu le reconnaissent et moi je suis heureux et fier de vous le dire.

Une triste paix va peut-être succéder à cette triste guerre, des hommes vont être choisis pour en régler les conditions difficiles ; il leur faudra disputer pied à pied la fortune, le sol, l'honneur même de la patrie ; il faut donc qu'aucun préjugé politique ne les fasse dévier et que l'intérêt de la France soit leur unique but. Pénétré de ces sentiments, je vous quitte pour aller m'offrir à être l'un de ces hommes, et le pays m'acceptant, si la prolongation de la lutte *était reconnue impossible*, mon dévouement ne ferait pas plus défaut à l'œuvre de la paix qu'il n'a fait défaut à l'œuvre de la guerre.

D'ici à quelque temps je reviendrai partager avec vous le sort, quel qu'il soit, que la providence nous réserve ; en attendant mon retour, vous supporterez courageusement les épreuves de ces jours malheureux, vous garderez l'ordre et la discipline qui vous ont faits ce que vous êtes et là-bas, au pays, je dirai de vous : Ils sont toujours les dignes enfants de la Drôme

Votre commandant.

A. de BEUGNY D'HAGERUE.

Mois de février 1871

1er février. — Le général de Beaufort, commandant la 2e division, a l'honneur d'informer M. le colonel Balète qu'il autorise M. Beugny d'Hagerue, commandant le 2e bataillon de la Drôme, à remettre à M. le capitaine Huz le commandement de son bataillon, afin qu'il puisse se rendre dans son département pour se présenter comme candidat à la députation aux prochaines élections.

Le général commandant la 2e division,

P O. Le chef d'état-major,

LECOQ.

2 février.— Le capitaine commandant le bataillon est informé que les armes devront être versées rue *Latour*, atelier *Berlioz*, bastion 56, dans le 6e secteur.

4 février. — 1,142 fusils chassepot, munis des sabres baïonnettes, sont remis à la direction d'artillerie.

Le capitaine commandant charge M. le capitaine Renard d'opérer, avenue de Labourdonnaie, la restitution de 76,059 cartouches, modèle 1866.

Les armes devant être livrées à l'ennemi sans accessoires, ces derniers sont versés au magasin du campement en même temps que l'équipement.

6 février. — Le bataillon reçoit l'ordre de quitter Auteuil pour prendre les cantonnements qui lui sont assignés par le capitaine de frégate Philipp, commandant le demi-secteur. Il occupe à Passy l'avenue d'Eylau, celles du roi de Rome et de Malakoff, la rue Ménil et la rue de la Pompe.

8 février. — Le capitaine Huz fait procéder aux élections de l'Assemblée nationale pour le département de la Drôme. Les candidats lui sont inconnus et ce n'est qu'après l'élection qu'il reçoit une dépêche de M. d'Hagerue qui lui donne les noms de MM. Crémieux, docteur Chevandier, Henri Lamorte, Paul Vigne, Ernest de Saint-Prix, Malens, Thiers, Bérenger, Dubouchage, colonel Chareton, comte de Beugny d'Hagerue et Paul Lacondamine.

Cette dépêche tardive oblige la commission à rédiger le procès-verbal suivant :

Nous soussignés, membres délégués pour procéder aux opérations du vote du 8 février, déclarons :

1º En l'absence de toute nouvelle du département, il nous a été impossible de désigner les candidats à élire à l'Assemblée nationale ;

2º Les renseignements pris au bureau du chef de division des affaires départementales du ministère de l'intérieur, n'ont pu nous éclairer. Dans ces conditions, les abstentions sont nombreuses ;

3º Une liste de candidats pris parmi les membres les plus influents du département, a été dressée par nous. Il a été formellement stipulé que cette liste n'était nullement exclusive et que les électeurs étaient libres d'y ajouter tous autres noms qu'ils trouveraient convenables.

Toutes ces mesures étant prises, le bureau a été ouvert à trois heures de l'après-midi, et leurs compagnies sont venues déposer leurs bulletins.

Nous ne jugeons pas à propos de donner ce résultat, qui a été presque nul, puisque sur 1,085 inscrits nous n'avons eu que 145 votants, qui se sont divisés sur plus de 25 noms différents qui, pour la plupart, n'étaient pas candidats.

9 février. — Circulaire de l'état-major général, signée par le général de Valdan, recommandant à MM. les officiers de ne pas quitter les cantonnements, de rester au milieu de leurs soldats, de s'enquérir de leurs besoins et de donner l'exemple de la tenue et de la discipline.

Un second ordre de la division menace de 15 jours d'arrêts de rigueur tout officier qui manquera à l'appel de midi, et de la prison tous ceux qui n'auront pas de logements à proximité de leurs compagnies.

18 février. — Lettre de M. le général de Beaufort d'Hautpoul, à M. Balète :

Mon cher colonel,

J'ai l'honneur de vous adresser ci-joint l'ordre du général Vinoy, concernant la suppression des commandements de division et de brigades.

Avant de me séparer des bataillons qui sont restés longtemps sous mes ordres, je serais heureux d'adresser à leurs chefs mes remerciements du concours qu'ils m'ont prêté.

Veuillez donc les prévenir que ceux d'entre eux qui voudront bien se présenter au quartier général, demain matin, à neuf heures, seront les bienvenus.

Recevez, mon cher colonel, etc.

Le général commandant la 2e division.
P. O., le chef d'état-major,
LECOQ.

Par suite de l'ordre du général Vinoy, tous les commandements de corps d'armée, de divisions ou de brigades sont supprimés, à l'exception de la division armée du général Faron.

Le général Malroy est chargé de la place de Paris.

Les troupes désarmées restent sous les ordres du commandant de secteur.

Le 6me secteur dont nous faisons partie est confié au malheureux général Lecomte, qui, un mois plus tard, est tombé assassiné sous les balles de la Commune.

19 février. — ADIEUX DU COLONEL BALÈTE.

« Officiers, sous-officiers et soldats !

» Je vous fais mes adieux. Ce n'est pas sans regrets » qu'on se sépare de ceux avec lesquels on a traversé de » pénibles épreuves, et qui ont donné comme vous à » leurs chefs, le concours le plus complet. Je puis dire » hautement, moi qui ai vécu avec vous et qui, nuit et » jour, vous ai vus à l'œuvre, que vous avez été cons- » tamment à la hauteur de tous vos devoirs ; que nul » corps d'armée n'a donné un plus noble exemple de » résignation, de sacrifice, de discipline et de courage.

» Vous êtes la preuve ignorée peut-être, mais cer- » taine, que la mobile était pour la défense du pays un » élément de force irrésistible, pourvu qu'on lui ensei- » gnât ses devoirs et qu'on lui donnât l'éducation mili- » taire.

» Souvenez-vous de celui qui fut votre chef comme il » se souvient de ceux qu'il eut l'honneur de commander » et desquels il a eu la satisfaction de faire de braves » soldats. Si la patrie nous appelle de nouveau à son » service, c'est vous, mes braves mobiles de la Drôme, » que je voudrais commander encore !

» *Le Colonel commandant la brigade,*

» BALÈTE. »

Mois de mars 1871

Je termine ici mon journal. La fin du mois de février n'a rien qui puisse intéresser, ni M. le ministre de la guerre, ni même les quelques personnes qui voudront bien lire cette petite brochure. La troupe désarmée se repose de ses fatigues. C'est en vain que des corvées de travail sont organisées pour défaire des barricades que quelques jours après on doit élever de nouveau. Le soldat a perdu cette énergie, ce désir de bien faire qui l'animait auparavant.

Tous les jours, l'appel a lieu à midi et les commandants de compagnies passent la revue. Nous avons été si longtemps sans nouvelles que personne n'est insensible à la distribution des lettres de la province ! Dans la mobile où tous les hommes sont du même pays, où chaque compagnie représente un canton tout entier, une seule lettre suffit pour ramener la joie, quelquefois le chagrin, sur tous les visages.

L'abondance commence à rentrer dans Paris. Les derniers jours qui ont précédés l'armistice et les huit premiers qui l'ont suivis, le pain blanc était devenu un mythe ! Quelques mobiles ont rapporté dans leurs pays des spécimens de celui que nous mangions et l'étonnement de leurs compatriotes a été aussi profond que leur dégoût. La ration de riz avait été supprimée pour entrer dans la composition du pain.

L'entrée des Prussiens dans Paris nous obligea de quitter l'avenue d'Eylau pour aller encore camper dans une cour de l'École militaire. Cette mesure excita un très-grand mécontentement parmi les hommes et la discipline s'en ressentit un peu. Il est fâcheux qu'elle n'ait pas été maintenue jusqu'au bout, mais tant d'ordres contradictoires venaient se heurter, que les chefs eux-mêmes se trouvaient dépourvus d'autorité. M. le général Lecomte défendait le départ isolé des mobiles que leur position de fortune autorisait à voyager à leurs frais. Le général Malroy, au contraire, ne voyait pas d'inconvénients à ce que chacun partit de son côté; c'était une économie pour l'État. M. le commandant de Beugny d'Hagerue se trouva entre ces deux courants contraires et finit par signer des permissions de départ à tous ceux qui se trouvaient en situation de payer le chemin de fer. Les trois quarts partirent ainsi, et son bataillon se réduisit à 300 hommes tout au plus.

Avec tout le respect que j'ai pour mes supérieurs, j'ai été d'une opinion tout-à-fait opposée à ce système, parce que suivant moi il était injuste et contraire aux lois de la discipline militaire.

Injuste parce qu'il créait entre les hommes deux catégories différentes propres à exciter leur jalousie. Le soldat qui faute d'argent ne pouvait retourner chez lui était précisément celui qui en avait le plus besoin pour cultiver son lopin de terre et l'ensemencer, pour aider sa famille et prêter le secours de sa jeunesse à son vieux père qui en était privé depuis longtemps. Celui-là avait réellement besoin de rentrer chez lui au mois de mars où les travaux de la campagne sont nombreux. Il voyait partir ses camarades qui, plus favorisés, ne cherchaient qu'à échapper plus vite aux exigences de la vie militaire. Il y avait là, ce me semble, quelque chose d'injuste qu'on eût pu éviter et si j'en parle, c'est que j'ai entendu formuler ces plaintes par ceux qui restaient.

J'ai dit que c'était contraire aux lois de la discipline militaire et je crois avoir également raison. Tant qu'une troupe n'est pas licenciée, tous ses membres doivent subir les mêmes peines, les mêmes fatigues et il ne doit pas y avoir de priviléges de fortune dans l'exécution des règlements qui la régissent. Le bataillon de la Drôme était arrivé à Paris tout entier, il devait en repartir de même, et donner à son pays natal la preuve de son bon esprit et de sa discipline.

C'est mû par ces considérations, que je crois justes, que j'ai lutté contre cette décision, lorsque notre commandant nous fit l'honneur de nous réunir pour nous demander notre avis. Seulement, mon opinion n'a pas prévalue.

Le 15 mars 1871, ce qui restait du bataillon partit à pied pour Orléans, sous les ordres du général Porion. Je ne raconterai pas ici les péripéties de cette marche par un temps horrible et au milieu des troupes prussiennes échelonnées sur la route. Le chemin de fer fut mis à la disposition du commandant à Orléans.

Je suis arrivé à la fin de mon récit dans lequel je me suis attaché à ne rendre compte des faits qu'avec la plus scrupuleuse vérité. Jusqu'à ce jour aucun compte-rendu général n'a été fait pour le bataillon. J'ai eu la pensée que quelques jeunes gens appartenant à la mobile seraient bien aises de conserver un souvenir de la mémorable campagne à laquelle ils ont concouru. Je me suis décidé à faire imprimer ce rapport afin de le mettre à leur disposition.

En terminant, je crois devoir prévenir mes lecteurs qu'une seconde publication des faits glorieux qui honorent le 2e bataillon de la Drôme, va paraître dans le journal le *Dauphiné*, sous une forme un peu moins sévère. Dans la brochure qui nous occupe aujourd'hui, j'ai craint d'être trop prolixe pour M. le Ministre de la guerre, et je n'ai pu envisager les situations qu'à un point de vue tout-à-fait militaire.

J'espère que le côté humouristique de cette seconde édition excitera la curiosité et que mes lecteurs voudront bien chercher eux-mêmes dans cet estimable journal la place réservée au 2e bataillon de la Drôme.

Valence. — Typ. & Lith. Berger & Dupont, Grand'Rue, 6.

www.ingramcontent.com/pod-product-compliance
Ingram Content Group UK Ltd.
Pitfield, Milton Keynes, MK11 3LW, UK
UKHW031949260826
14628UKWH00004B/1958

9 782011 782090